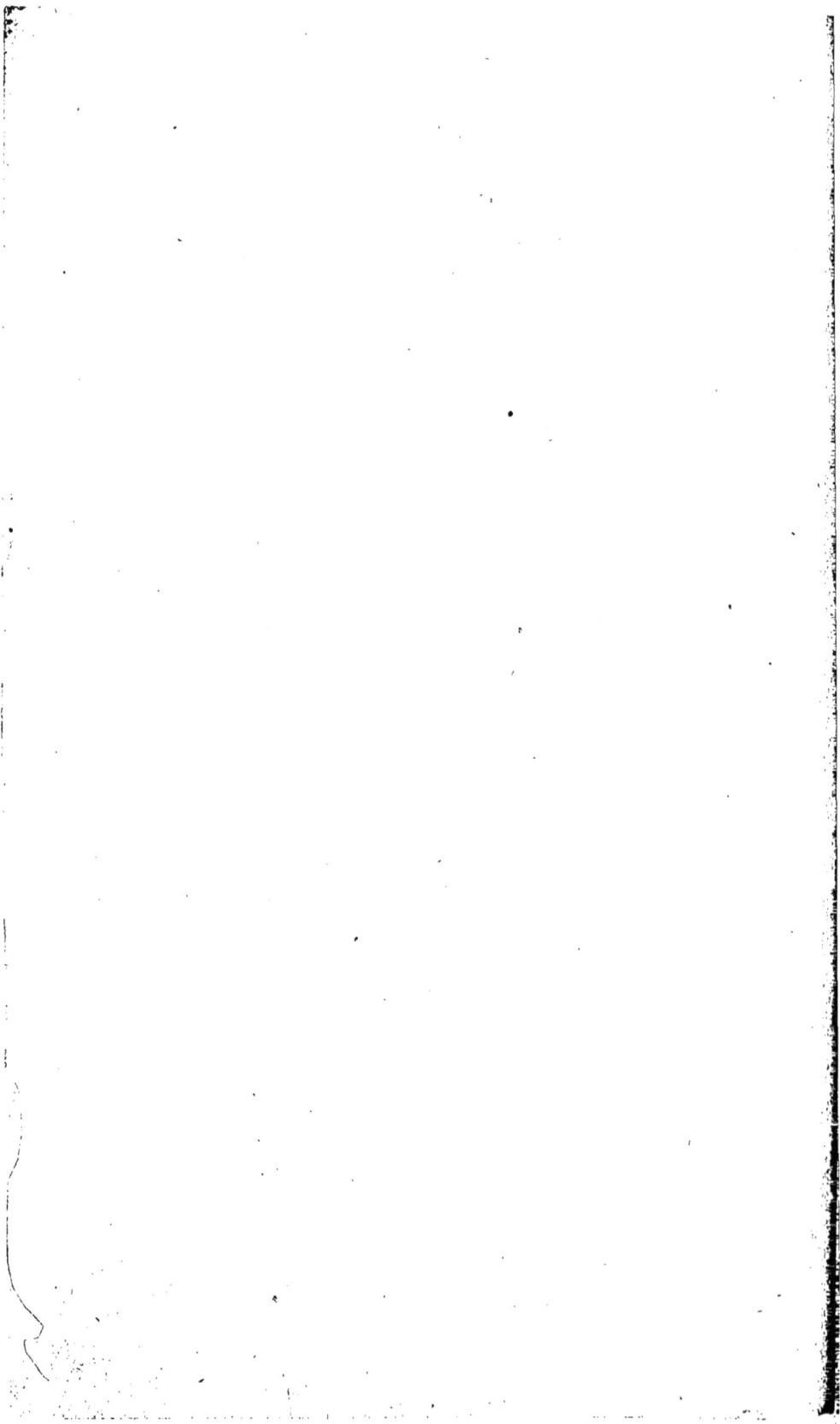

APERÇU HISTORIQUE

SUR LA LÉGISLATION

DES

EAUX DE RUNGIS

A PARIS

PAR A. DUSSAUX

Avocat à la cour impériale de Paris.

AVEC UNE CARTE

PARIS

JORRE, LIBRAIRE, RUE RICHELIEU, 93.

—

1857

SUR LA LÉGISLATION

DES

EAUX DE RUNGIS.

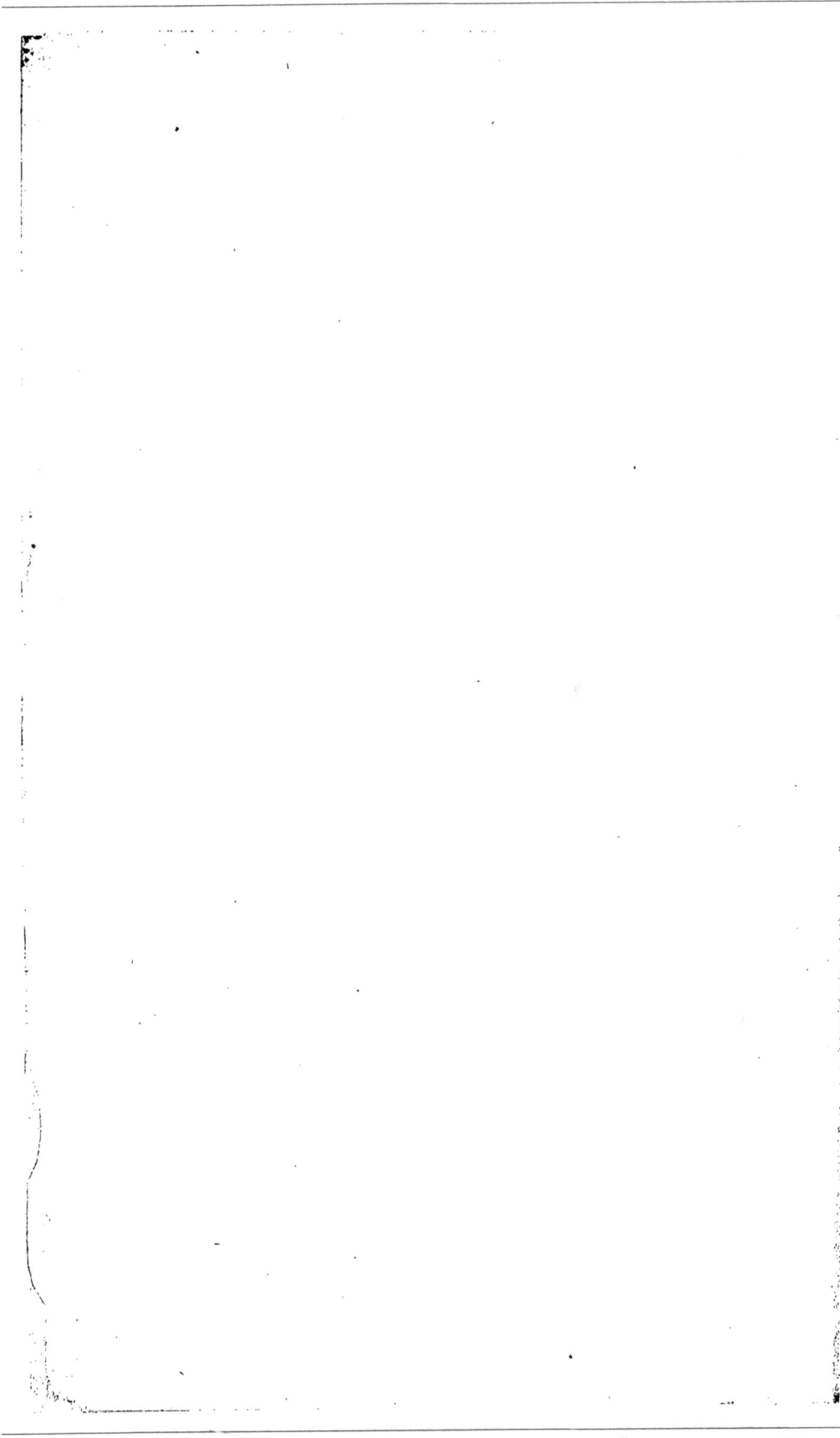

EAUX DE RUNGIS.

Comme embellissement pour les palais des rois ou comme objet de première nécessité pour les populations, l'eau, soit à l'état de source, soit à l'état de fleuve, a toujours éveillé la sollicitude des gouvernements, c'est pourquoi Henri IV pensa en 1609 à rétablir l'ancien aqueduc d'Arcueil (1) pour amener

(1) A deux lieues de Paris sont Arcueil et Cachan, fort proches l'un de l'autre, le premier renommé par les marques d'une haute antiquité qui est au bout du village, savoir : une vieille muraille de briques, de dessous laquelle sortaient des aqueducs ou canaux de pierre qui donnaient l'eau jusqu'à Paris. La reine Marie de Médicis, mère du roi Louis XIII, l'an 1615, fit rompre ces vieux murs pour en avoir les eaux, et fit faire de grands canaux qui conduisent ces eaux du dit lieu d'Arcueil en son hôtel du Luxembourg, et trois regards, savoir : deux au bout des faubourgs-Saint-Jacques, l'autre au faubourg Saint-Michel ; et de ces eaux,

sur la rive gauche les eaux dont elle était dépourvue. On avait même travaillé d'après les ordres de Sully (1) à ouvrir plusieurs tranchées à travers la plaine de Longboyau, du côté de Rungis, afin d'y retrouver, s'il était possible, les eaux que les Romains avaient conduites au palais des Thermes (2).

L'exécution de cet utile projet fut arrêté par la mort du roi : Et peut-être aurait-elle été retardée pendant longtemps, si elle ne se fut

on a fait quantité d'autres tuyaux de plomb dont ont été faites les fontaines qui se voient à présent aux Chartreux, aux Carmélines, aux Capucins, au Luxembourg, et divers lieux du faubourg Saint-Germain, à la Croix-du-Trioir, au jardin de l'hôtel Richelieu et en plusieurs endroits de l'université de Paris.

Le village de Cachan a un fort beau château qui appartenait cy-devant à messire François de Bourbon, prince de Conty, qui l'a laissé à un sien fils naturel. (V. JACQUES DU-BREUIL, religieux de Saint-Germain-des-Prés, *Théâtre des ant. de Paris.*) Arcueil et Cachan faisaient partie, avec Gentilly, du doyenné de Montlhéry.

(1) Mém. de M. Bonamy, acad. des inscript., t. XXX, p. 744. — Regist. de la ville, vol. XIX, fol. 35.

(2) La construction du palais des Thermes est attribuée à Constance Chlore, père de Constantin, mort en 306, ou à son petit-fils Julien. Après avoir servi de résidence aux rois de France de la première et deuxième race, vers 1340, il fut acheté par Pierre Chaslus, abbé de Cluny. Ce fut vers 1544 qu'on découvrit les aqueducs souterrains qui amenaient l'eau de Rungis. Aujourd'hui, ce palais dépend de l'hôtel de Cluny, et a façade sur le nouveau boulevard de Sébastopol. Les restes en sont précieusement conservés comme souvenir d'une haute antiquité.

pas en quelque sorte, liée à celle du palais
que Marie de Médicis avait entrepris de faire
construire sur l'emplacement du Luxembourg (1).

La nécessité d'amener les eaux à ce palais firent accueillir favorablement au conseil le projet qui fut présenté par Joseph
Aubry (2), qui consistait à faire arriver dans
un grand réservoir, à établir entre les portes
Saint-Jacques et Saint-Michel les eaux des fontaines de Rungis. Il demandait quatre ans sous
la condition qu'on lui affermerait, pendant six
ans, pour le prix de 200,000 fr. par an, l'impôt des 30 sols tournois qui étaient perçus
sur chaque muid de vin introduit dans la
ville et faubourgs de Paris, en outre, en propriété, le tiers du volume des eaux qu'il amè-
nerait, avec faculté d'en disposer : Un autre
tiers devait appartenir au roi et à la reine
régente, le troisième tiers au prévot des marchands et échevins.

(1) A l'origine, le Luxembourg était une grande maison
que Robert de Harlay de Sancy avait fait bâtir vers 1540.
Elle fut achetée en 1583 par le duc Piney Luxembourg,
qui la vendit en 1612 à la reine Marie de Médicis, qui,
en 1615, fit bâtir, sur les dessins de Jacques Desbrosses et
sur le modèle du palais Pitti à Florence, l'édifice que nous
voyons aujourd'hui, et dont la construction dura cinq ans
(il fut achevé en 1620).

(2) Reg. de la ville, vol. xviii, fol. 500. — En 1302, il n'y
avait que trois fontaines dans Paris, savoir : la fontaine des
Saints-Innocents, Maubuée, des Halles.

Le projet de Joseph Aubry fut renvoyé au bureau, le 6 juillet 1612, on arrêta qu'avant tout il fallait faire un devis général, connaître les associés d'Aubry, ses moyens, et le bureau se réserva le droit d'inspection. Le devis fut arrêté le 5 septembre 1612, en présence du prévot des marchands, du surintendant des bâtiments du roi et de deux trésoriers de France (1).

Hugues Crosnier, fermier de l'impôt des vins pour 303,000 livres, offrit de se charger de la construction de l'aqueduc, moyennant une retenue de 718,000 livres qu'il ferait sur le produit de son bail, se réservant ce qui excéderait 30 pouces d'eau. Et comme il disait ne s'être rendu fermier de l'impôt des vins que pour pouvoir exécuter l'aqueduc de Rungis, il demandait à remettre cette ferme à l'entrepreneur qu'on chargerait des travaux s'il s'en présentait un qui offrit de les exécuter au-dessous du prix auquel il les avait portés.

Voyant que Crosnier attendait des bénéfices dans l'exécution des travaux, le prévot des marchands et échevins voulant faire profiter la ville des économies et lui conserver la direction des travaux, se rendirent, le 11

(1) Reg. de la ville, vol. xiv, fol. 58; *Hist. de la ville de Paris*, t. ii, p. 1297.

septembre 1612, au conseil d'Etat, et demandèrent à présenter un entrepreneur de leur choix qui prendrait sous leur garantie l'impôt des 30 sols par muids de vin, et exécuterait l'aqueduc de Rungis aux mêmes conditions qui avaient déjà été faites. Un nouveau devis fut dressé au conseil, le 4 octobre, et sur lequel l'adjudication de tous les ouvrages fut passé le 27 du même mois d'octobre 1612, à Jhean Coing, maître maçon pour la somme de 460,000 livres. Cette somme devait être acquittée par le fermier de l'octroi sur les entrées du vin, d'après les mandements du trésorier de l'épargne : Ce bail est mentionné dans des lettres patentes des 4 et 7 décembre 1612 et se trouve aux archives impériales, sur parchemin scellé de cire jaune (carton E, 20,223).

Ces lettres patentes du 4 décembre 1612 attribuèrent l'inspection des ouvrages de l'aqueduc de Rungis aux trésoriers de France (1). Ils devaient veiller à la stricte exécution des conditions des devis, tenir la main à ce que le fermier de l'octroi acquittât exactement les mandements délivrés au profit de l'entrepreneur, faire procéder à dire d'expert à l'estimation des terres qui seraient occupées, et

(1) Reg. de la ville, vol. xiv. fol. 58. *Histoire de la ville de Paris*, tome II.

en passer au nom du roi les contrats d'ac-
quisition ; de plus sur les eaux qui devaient
être amenées à Paris par les travaux ci-dessus
énoncés le roi avait octroyé à la ville de Paris
pour le public une quantité de 12 pouces, et à
raison de l'intérêt qui résultait de cette concession, le prévôt des marchands et les échevins de la ville de Paris devaient être pré-
sents et appelés aux alignements et autres
opérations nécessaires pour l'exécution de
ces travaux (1).

(1) Sauval, *Recherche des antiquités de Paris*, écrit :
La recherche des eaux de Rungis a été faite en deux différents temps : la première, en l'année 1612, sous Louis XIII,
pendant la régence de Marie de Médicis, et le fonds de la
dépense de ces ouvrages se prit sur la ferme des 30 sols
d'entrée par muid de vin ;

La seconde, en 1655, par permission du roi Louis le
Grand, aux frais communs de la ville et du sieur Francini
intendant des eaux et forêts du roi.

Les eaux de la première recherche proviennent de la
plaine de Longboyau : les eaux de la seconde recherche
proviennent de la source appelée les Maillets et de celle de
la Pirouette : la source des Maillets vient d'une pièce de
terre qui est au-dessus de l'église de Rungis; toutes ces
sources se rendent dans l'aqueduc d'Arcueil (V. le plan ci-
joint).

Les eaux de Cachan viennent pareillement s'y rendre depuis que le prévôt des marchands et les échevins ont obtenu
du roi la permission de les y faire entrer, par arrêt de son
Conseil du 25 juillet 1671 : ces eaux proviennent des
sources qui sont dans les vignes sur un côteau qui est situé
au-dessus du parc de Cachan; elles se mêlent avec les eaux
de Rungis pour venir à Paris, au Château-des-Eaux, situé

Ces attributions aux trésoriers de France ayant excité quelques réclamations du bureau de la ville, le 7 décembre, le roi adressa aux échevins des lettres de commission pour assister aux alignements et adresser au conseil les représentations qu'ils croiraient devoir faire sur l'exécution des travaux (1). Ces lettres ne satisfirent pas le bureau de la ville, il fit de nouvelles représentations qui restèrent sans effet.

Le 17 juillet 1613, le roi Louis XIII, accompagné de la reine régente et de toute la Cour, posa la première pierre du grand regard des fontaines de Rungis (2).

Pendant la durée des travaux 1614-1615, la

entre les faubourgs Saint-Jacques et Saint-Michel. Cette eau est destinée, une partie pour l'usage des maisons royales et pour le roi, savoir : pour Luxembourg, à la Croix-du-Trahoir (ou Trior, place ainsi nommée, dit Dubreuil, depuis que la reine Brunehaut y fut tirée à quatre chevaux sous le règne de Clotaire II); dans la rue Saint-Honoré, pour les écuries du roi, Palais-Royal; — et l'autre partie, pour la ville, savoir : pour la fontaine de Notre-Dame-des-Champs, aux Fossés-St-Jacques; celle de la rue Mouffetard, au faubourg Saint-Marcel; de Saint-Victor, faubourg Saint-Victor; de la porte Saint-Michel, rue de La Harpe; de Saint-Côme, rue des Cordeliers; de Saint-Germain de la Charité, rue Tarane; de Saint-Benoît, rue Saint-Jacques, rue Sainte-Geneviève; de celle de devant le Palais-Royal, de celle de la rue Richelieu, et des Capucins de la rue Saint-Honoré.

(1) Reg. de la ville, vol. xix, fol. 59-61 ; — id., p. 30 ; — id., p. 811 ; — vol. xx, p. 530.

(2) Id., vol. xxi, f. 195, 201, 230, 331 ; vol. xxii, p. 385.

réparation de quelques accidents et quelques
améliorations occasionnèrent une augmentation de dépenses (1).

Sur les 30 pouces d'eau que devait four-
nir l'aqueduc d'Arcueil aux termes de l'enga-
gement pris par Jhean Coing, 18 pouces
avaient été réservés pour les maisons royales
et 12 cédés à la ville de Paris. Ces eaux n'é-
taient pas arrivées qu'on en avait déjà dis-
posé : la plupart des communautés religieuses
établies dans le quartier Saint-Jacques, et plusieurs particuliers s'adressèrent directement
au roi dès l'année 1617 et en obtinrent des
concessions, dont les brevets furent enregis-
trés à l'Hôtel de ville, parce que le volume
de ces concessions devait être ajouté aux
12 pouces d'eau d'Arcueil que le prévot des
marchands était chargé de distribuer :

A cette époque, le volume d'eau dont on
pouvait disposer était très-faible, les fraudes
des concessionnaires la diminuaient encore
(1618). On essaya d'augmenter le volume d'eau
des fontaines en y réunissant celui des concessions dont jouissaient les partisans de la

(1) V. aux Archives du 17 juin 1617, Mémoire abrégé
des travaux faits aux aqueducs de Rungis et d'Arcueil par
les entrepreneurs des ouvrages. La longueur des voûtes et
aqueducs depuis Rungis jusqu'à la porte des faubourgs, tant
faits qu'à faire, est de 6,660 toises environ. (Arch., carton E,
20,223.)

reine Marie de Médicis, qui pendant les trou-
bles de la minorité de Louis XIII avaient
abandonné la capitale ;

Cependant les travaux de l'aqueduc se pour-
suivaient avec activité, l'emplacement du Châ-
teau-d'eau avait été fixé par un arrêt du conseil daté de Tours du 5 juillet 1619 : Le nom-
bre des fontaines fut fixé à 14.

Ce fut le 19 mai 1623 que les eaux d'Arcueil arrivèrent au regard de distribution de
la porte Saint-Jacques et qu'un arrêt du conseil
en ordonna la répartition. Une commission
présidée par un conseiller d'Etat et compo-
sée de deux trésoriers de France, de l'intendant général des fontaines du roi, du bureau
de la ville et du maître des œuvres présida
à cette répartition : Ce même arrêt du conseil du 19 mai 1623, attribuait aux trésoriers
de France l'intendance des ouvrages relatifs à
la conduite des 18 pouces d'eau qui appar-
tenaient au roi : et aux prévot des marchands
et échevins, l'intendance des ouvrages relatifs à la distribution des 12 pouces qui avaient
été laissés à la ville. Il enjoignait en même
temps à tous ceux qui avaient pu obtenir
précédemment et par anticipation quelques
concessions de ces eaux, d'en représenter les
brevets au greffe pour y être confirmés s'il
y avait lieu.

Le 18 mai 1624, on mit pour la première

fois en présence des prévot des marchands et échevins de la ville les eaux d'Arcueil dans les conduites destinées à les distribuer. Le roi qui posait, le 28 juin 1624, la première pierre des bâtiments du Louvre posa celle de la fontaine qu'on élevait sur la place de Grèves, quelques jours avant cette cérémonie (1) (21 juin 1624). Il avait été rendu un arrêt du conseil qui remettait en vigueur ceux des 3 mars 1621 et 19 mai 1623 relatifs aux brevets et titres de concession des eaux de Rungis.

Pendant l'année 1624, on s'occupa de poser quelques-unes des quatorze fontaines, et on s'empressa de distribuer par des concessions ce qui restait disponible des eaux de Rungis et d'Arcueil, les communautés religieuses, les colléges, quelques membres du Parlement et notables habitants obtinrent à cette époque, soit du roi, soit du bureau de la ville, quelques concessions.

L'arrêté du 21 juin 1624 ordonnait la représentation des brevets et lettres patentes de concession, un autre arrêt du 3 octobre 1625 révoqua toutes les concessions (2). On rappelle dans ce dernier arrêt la cession faite

(1) Reg. de la ville, vol. xxiv, fol. 166, 238, 290, 289
(2) Reg. de la ville, vol. xxv, fol. 20.
V. Dulaure, *Utilité des eaux*, t. 1er, liv. ii.

par les entrepreneurs de l'aqueduc de Rungis, d'une quantité de 20 pouces d'eau à laquelle ils se trouvaient avoir droit d'après les conditions de leur marché : Cette cession aurait dû mettre à la disposition du roi qui s'était réservé 30 pouces d'eau, une quantité de 50 pouces, tandis qu'en réalité il n'en eut que 43 pouces, parce qu'il fallait aux termes de l'arrêt dont il s'agit, distraire 12 pouces au profit des prévot des marchands et échevins de la ville de Paris, et parce que d'un autre côté le roi n'en acheta que 13 pouces au lieu de 20 des intéressés qui en avaient vendu tant à Berny, Arcueil et Gentilly, encore cinq pouces un quart et un sixième, outre douze pouces qui leur restaient encore et qu'ils vendirent à plusieurs particuliers : ce qui porte à 60 pouces un quart et un sixième le volume total des eaux. (v. la note 2, page 12.)

Par autre arrêt du 9 décembre, même année 1634, le roi fit de nouvelles distributions et révoqua celles de 1625 et les brevets donnés, tant des 30 pouces portés par le marché de 1612, que des 13 pouces que sa Majesté avait achetés : par cette nouvelle distribution, le roi augmenta l'eau de quelques particuliers et en donna à ceux qui n'en avaient point :

Les concessions particulières se multipliant outre mesure, des lettres patentes du 26 mai

1635, ordonnèrent au prévot des marchands de dresser un état général de l'emploi des eaux de Rungis pour être rapporté au conseil (archives cart. E 20,223.).

Depuis 1635 jusqu'en 1650 il ne se fit aucun changement notable dans la distribution des eaux de Paris.

De nouvelles recherches pour augmenter le volume des eaux d'Arcueil (1) furent autorisées par le roi en 1651 sous la condition qu'il lui serait réservé 4 pouces d'eau du produit des sources que l'on parviendrait à rassembler (2). Le bureau de la ville s'associa

(1) Dans une affiche rédigée en 1745, pour parvenir à la vente de la seigneurie d'Arcueil, cy-devant *appartenante* au prince de Guise, il est dit qu'il a été fait au seigneur d'Arcueil une concession de 9 lignes de diamètre d'eau qui apporte une grande utilité à la terre (Abbé LEBEUF).

(2) *Traité de la police*, t. IV, p. 484.

D'après un double du compte des bâtiments du roi, qui se trouve aux Archives, pour l'année 1634, rendu par M. René Pavin, trésorier, clos le 12 décembre 1636 : *Rachat d'eau*, il résulte que mademoiselle Geneviève Coin, épouse du sieur François Saybois, sieur de Saint-Martin, héritière pour moitié de Jean Coin, entrepreneur des fontaines de Rungis, ès-noms et qualités par eux pris en un contrat reçu Dinan, notaire, le 26 décembre 1634, ont reçu 78,000 liv. pour délivrance au roi de 13 pouces d'eau qu'ils avaient vendu à Sa Majesté, suivant acte passé devant Gabriel Guerreau et Pierre Gargnes, notaires au Châtelet de Paris, le 27ᵉ jour de décembre 1634.

Aux Archives, on trouve une pièce intitulée : Devis des ouvrages qu'il convient de faire dans la plaine de Rungis pour la nouvelle recherche ; devis des ouvrages, tant fouille

avec l'entrepreneur le sieur Bocquet qui avait obtenu l'autorisation de faire les recherches dont il s'agit ; elles produisirent une augmen-

de terre que maçonnerie, qu'il convient de faire pour la construction d'un aqueduc dans la plaine entre Rungis et Louen, en continuant l'aqueduc du dit Rungis pour l'augmentation de la conduite des eaux de Paris. (Cette pièce est sans date, mais remonte sans doute à 1631.)

Archives, carton E, Certificat d'un sieur Censier, greffier au bureau des finances, de la somme de 850,628 livres 19 sols 11 deniers qui ont été payés aux entrepreneurs des aqueducs de Rungis (signé le 5 février 1630).

Demande au roi, en son Conseil, par Charlotte Coing, veuve de Jean Gobelin, subrogée au lieu et place de défunt Jean Coing, en paiement des travaux suspendus pour réparations à faire, et en réception des travaux de distribution des eaux, tant à la ville qu'aux entrepreneurs, selon les clauses du bail de 1612. — Par arrêt du Conseil du 27 février 1630, le roi fit droit à cette requête ; et, le 4 novembre 1634, le roi confirma la réception des eaux, en même temps qu'il en achetait 13 pouces des intéressés, moyennant 78,000 livres.

Archives n° 5, carton E, 20,223 : Copie d'un contrat de vente de 6 pouces d'eau par le sieur de Saint-Martin et Geneviève Coin, sa femme, au profit de Jean Gueneguaud, sieur Desbrosses, à raison de 36,000 livres, le tout en 1635.

Du 4 septembre 1691, concession à Jean Phelippeaux, chevalier, conseil du roi en ses Conseils, de 16 lignes d'eau à prendre, soit au grand regard royal du faubourg Saint-Jacques, soit en tel autre endroit que le dit sieur Phelippeaux avisera ; et, pour cet effet, se servir du regard, conduits et tuyaux de Sa Majesté, suivant la permission qui en a été accordée par sa dite Majesté au dit Bocquet par le dit brevet et arrêt mentionné au dit contrat de vente. — Déposé à l'Hôtel de Ville (Arch.).

6 mai 1720. Délivrance à Joseph Aubry de 3 pouces 1/2 d'eau à lui promis par Jean Goblin, Martin Bouvet, Sébas-

tation de vingt-trois pouces et demi ving-sept
lignes, sur lesquels Sa Majesté ainsi que nous
l'avons dit s'en réserva quatre pouces pour le
château au lieu de huit et demi à 6 lignes de
diamètre, en sorte qu'il n'en resta plus que
dix-neuf pouces et demi vingt-sept lignes, qui
furent partagées entre la ville, c'est-à-dire les
prévot des marchandes et échevins et le sieur
Bocquet entrepreneur des travaux ainsi qu'il
est constaté par l'arrêt de réception du 12
septembre 1655, fait par MM. les députés du
conseil, le trésorier de France et autres y dé-
nommés, et par l'arrêt de confirmation rendu
en 1556. Ce sont ces eaux qu'on appela les
nouvelles eaux d'Arcueil; elles furent réunis
aux anciennes, réparties dans les mêmes regards, et distribuées par les mêmes tuyaux.

La quantité d'eau dont l'entrepreneur put

tien Jacquet, François Puybour, entrepreneurs de la construction des dites fontaines, pour remplacer celle divertie
des conduits par l'approfondissement du canal et aqueducs.

Lettres-patentes du 20 janvier qui accordent à M. Sillery
grand chancelier de France, 1/2 pouce d'eau pour sa maison
de Berny (Arch.).

Brevet de concession, du 14 janvier 1753, de 9 lignes
d'eau d'Arcueil au duc de Chaulnes pour sa maison rue
d'Enfer.

Reconnaissance signée du prieur du couvent de la Char-
treuse, qu'il n'a aucun droit à ces eaux, le 16 juillet 1763
(Archives),

J'ai démontré, dans une consultation pour la commune
de Gentilly, que les eaux de Rungis pouvaient être alié-
nables et propriété particulière.

disposer fut de sept pouces trois quarts neuf
lignes ; il en resta à la ville onze pouces trois
quarts dix-huit lignes qui, ajoutés aux onze
pouces trente-six lignes que le roi lui avait
déjà cédé par l'arrêt du 9 décembre 1634,
donnèrent un total de vingt-deux pouces trois
quart et cinquante-quatre lignes.

Il est constaté par les pièces déposées aux
archives Impériales, que le dit jour 12 septembre 1655, d'après la réception générale des
eaux, que leur volume se montait à 84 pouces
15 lignes, y compris celles qui se distribuaient
à Berny, Arcueil et Gentilly.

Les lettres patentes dont nous avons parlé
du 26 mai 1635, donnant aux prévot des marchands et échevins, mission spéciale de distribuer les eaux de Belle-Ville, près Saint-Gervais
et Rungis : ces administrateurs temporaires,
jaloux d'user pendant la durée de leurs fonc-
tions du droit qui leur était délégué, n'en
laissèrent pas échapper l'occasion, et comme
les nouvelles concessions étaient toujours pré-
levées sur le volume d'eau réservé pour le
public, les fontaines de la ville devaient néces-
sairement éprouver après un certain temps la
même disette contre laquelle il s'était élevé
des réclamations : afin de s'en garantir on
statua le 22 janvier 1653 (1) qu'il serait sur-

(1) Reg. de la ville, vol. xxxv, p. 279 ; Archives, carton E,

sis à toute concession ultérieure, et on imposa aux particuliers, dont les demandes pourraient être accueillies, l'obligation de rembourser les frais que la ville serait obligée de faire pour une recherche de nouvelles eaux qu'elle était sur le point d'entreprendre.

Une ordonnance du 4 novembre 1655, pour remédier à de graves abus dans les prises d'eau, enjoignit aux détenteurs des clefs de quelques regards, ou fontaines publiques que ce soient, d'en effectuer le dépôt immédiat à l'Hôtel de ville (1).

La profusion inconsidérée avec laquelle on avait distribué les eaux d'Arcueil, fit enfin éprouver de nouveau aux fontaines publiques la disette dont on avait voulu les préserver. Les plaintes des habitants s'étant renouvelées à ce sujet, le prévot des marchands ordonna le 18 août 1660 (2) la réduction de plusieurs concessions particulières et la suppression totale de quelques autres formant ensemble 64 lignes d'eau.

En lisant cette ordonnance, on serait porté

arrêt sur parchemin, du 20 octobre 1634, pour la réception des eaux de Rungis ; autre arrêt du 4 nov. 1634 portant réception par le roi de 43 pouces d'eau, avec pouvoir aux entrepreneurs de disposer des 12 pouces restant de leur recherche (V. *supra*, p. 12).

(1) Reg. de la ville, vol. xxxvi, p. 217.
(2) Reg. de la ville, t. xxxviii, p. 373.

à croire qu'elle avait uniquement pour objet
le maintien du droit commun de tous les habitants sur le pro luit des eaux publiques.
Cependant la disette des fontaines qui sembla
la motiver, ne fut qu'un prétexte dont on se
servit pour faire passer chez de nouveaux
concessionaires les eaux que d'anciens titu-
laires n'avaient plus le crédit de conserver;
ainsi le jour même où cette ordonnance fut
rendue, on créa dix nouvelles concessions qui
à douze lignes près, absorbèrent le produit
de celles qui avaient été révoquées : et encore douze lignes furent-elles distribuées dans
les premiers mois de l'année suivante (1661).

En ce qui concerne les concessions à titre
gratuit ou précaire, qu'on nommait honorifi-
ques, on doit les considérer, dit Girard (eaux
de Paris), comme l'apanage de certaines places
et non comme une prérogative personnelle
à ceux qui les remplissaient : c'est ce qui
explique les révocations successives que les
concessions éprouvèrent, et réduit à leur juste
valeur les prétentions que l'on pouvait élever
en faveur de leur perpétuité, mais il n'en
existait pas moins des concessions à titres
onéreux irrévocables.

L'usage qui s'était introduit depuis 1634
de gratifier d'une concession de quatre lignes
d'eau le prévot des marchands et les échevins qui sortaient de charge, avait encore

contribué à diminuer le produit des fontaines publiques ; ce produit était devenu presque nul, tandis que plusieurs concessionnaires (tels que le duc de Guise à Arcueil), (1) non contents d'avoir obtenu l'eau nécessaire aux besoins de leurs maisons, en employaient encore un volume plus ou moins considérable à la décoration et arrosement de leurs jardins. Afin de mettre un terme à cet abus il fut rendu le six novembre 1666 (2) un arrêt du conseil qui, révoquant toutes les concessions, ordonnait la suppression des tuyaux particuliers qui étaient dérivés des bassins de distribution ou implantés sur les conduites principales.

L'arrêt du 6 novembre 1666 rendu, on procéda à une nouvelle distribution des eaux : l'état en fut arrêté le 22 mai 1669 ; les eaux de Rungis fournissaient à la ville 21 pouces, 49 lignes alimentaient 15 fontaines ou regards publics, et 88 concessions tant en faveur des colléges, communautés religieuses et autres grands établissements que pour l'usage de plusieurs particuliers. La jauge totale de cette distribution des eaux d'Arcueil s'élevait à 13 pouces 68 lignes.

On constatait chaque année dans le cou-

(1) Archives impériales.
(2) Reg. de la ville, vol. XLIII, p. 100 ; *Traité de la police,* t. IV, p. 385.

rant du mois de septembre le volume des eaux et la situation des aqueducs, le prévot des marchands et les échevins étaient accompagnés par le garde des fontaines qui dressait un procès-verbal des réparations à faire (1).

Le 25 juillet 1671 le roi permit encore à la ville de Paris (2) de faire une recherche au-dessus de Cachan, et de conduire les eaux à Paris dans les fontaines publiques de la rue Saint-Honoré-Traversine et du palais Palais-Royal, par le même regard de Rungis. Cette recherche produisit trois nouveaux pouces d'eau qui furent ajoutés aux 11 pouces 36 lignes donnés par le roi, par l'arrêt du 9 décembre 1634, et aux 11 pouces trois quarts 18 lignes provenant de la recherche de 1651, ce qui donna un total de 26 pouces 18 lignes.

Mais la ville, comme on le voit (3), qui devait avoir 26 pouces 18 lignes d'eau des sources de Rungis, Cachan et Arcueil, jouissait tout au plus de cinq pouces insuffisants pour alimenter les fontaines du faubourg Saint-Marceau, où l'eau de rivière ne pouvait monter,

(1) V. Règl. du bureau de la ville touchant les eaux publiques, 31 janvier 1670, vol. xLv, fol. 130 à 163.

(2) V. Arch. imp., carton E, 20,223.

(3) Extrait d'un manuscrit déposé aux Archives impériales. — On trouve également un état de la cuvette des eaux depuis Rungis jusqu'à Paris, daté du 1er août 1706.

sans compter tous les concessionnaires pour
lesquels il aurait fallu plus de 8 pouces, ni
les fontaines du quartier Richelieu et des Capucins Saint-Honoré qui devaient être entrete-
nus de la dite eau et où la ville en faisait
conduire de rivière

Il paraît par la pièce ci-dessous (dont l'o-
riginal est aux archives) que pendant les
guerres qui désolèrent la France pendant la régence de Marie de Médicis les aqueducs eu-
rent à souffrir, et que l'état des finances était
assez délabré :

AU ROI

ET A MES SEIGNEURS DE SON CONSEIL,

« François Defrancine, intendant général
des eaux et fontaines de France, remontre
très-humblement à Votre Majesté que les eaux
étant absolument nécessaires pour la vie, et
que de tous temps les hommes ont travaillé
pour s'en faciliter l'usage sur plusieurs sortes
d'ouvrages, dont un des plus beaux et des
plus magnifiques est l'aqueduc de Rungis,
lequel de 4 lieues de distance et spacieux,
comme il en amène en la ville de Paris cette
grande quantité d'eau que l'on y voit, et ce
serait un blâme éternel de laisser ruiner cet

édifice ; ce qui arrive quelquefois par la
longueur des guerres qui détruisent et rui-
nent toutes choses. Nous en avons ressenti
nouvellement les effets par le séjour des trou-
pes ès environ de cette ville, lesquelles ont
abattu les regards, rompu les maisons des
concierges, dérobé les plombs et ferrements,
brisé les vannes et détourné les eaux de leur
cours. Devant lequel temps je n'ai pas cessé
d'apporter tout le soin et la dépense qu'il m'a
été possible pour en empêcher de plus grand.
Et que Votre Majesté considère s'il lui plait,
que nos seigneurs de son Conseil, connais-
sant l'entretien des dites eaux si nécessaire
et si ponctuel que la moindre ouverture, n'é-
tant sur le champ réparée, peut causer un
dommage fort considérable, étant un ennemi
qui travaille continuellement contre nous,
ont donné depuis 18 ans que nous avons les
guerres étrangères, des arrêts de préférence
même à l'épargne pour en assurer les fonds ;
néanmoins depuis 3 ou 4 ans en ça qu'ont
commencé les ceviles, les recenseurs des
tailles de l'élection de Paris sur qui est em-
ployé cette partie s'excusant toujours sur
les non-valeurs et la ruine des environs d'I-
celuy se sont trouvés sans fonds : les offi-
ciers qui sont assignés pareillement sur cette
partie et qui y ont quelque pouvoir, ont pris
ce qu'il y avait de plus clair, et ce qu'il res-

tait à payer sur les paroisses a été donné à recevoir au sieur Longuet, de sorte qu'après avoir bien attendu et étant près de recevoir de l'argent par la parole que m'en avait donné feu M. de la Tremouille je me vois contraint d'importuner de nouveau Votre Majesté pour une chose qui parle assez d'elle-même ; je ne lui demande point de nouveaux deniers bien que je le puisse justement prétendre par le malheur qui est arrivé extraordinairement à nos eaux, dont je ne serais tenu, je sais qu'il faut porter notre part des désordres de l'Etat ; aussi m'a-t-on vu peu importuner les seigneurs de votre Conseil pour mon intérêt particulier, y ayant plus de 7 années que je n'ai rien touché des gages qu'il lui a plû m'accorder à cause de ma charge. Cela néanmoins n'a jamais ralenti l'affection et les services que je dois à votre Majesté, laquelle considérant la dépense actuelle qu'il faut faire tous les jours pour l'entretien de 8 hommes qui prennent garde le long des dites eaux, la réfection des dommages et la nécessité qu'il y a d'y travailler. Il lui plaise me faire ordonner un fond présent pour le passé et un établissement solide pour l'avenir, comme je sais qu'elle veut la conservation de cet ouvrage si nécessaire pour son service et à son peuple de Paris.

Signé : DE FRANCINI.

Total des eaux de Rungis, Arcueil et Cachan, suivant les arrêts de 1634, 1655 et 1671 (1).

	Pouces.	Lignes.
La distribution faite par l'arrêt de 1634 est de 43 pouces 1/4.	43 1/4	
La vente des eaux vendues par les entrepreneurs, suivant le même arrêt qui leur en donne la faculté, tant à Berny, Arcueil, Gentilly et Paris, est de 17 p. 1/4 1 lig., ci.	17 1/4	1
La recherche de nouvelles eaux, faite aux frais de la ville et du sieur Bocquet, en 1671, a produit.	23 1/2	27
La recherche des aux de Cachan, faite aux dépens de la ville, par arrêt du Conseil de l'année 1671, 25 juillet, monte à 3 pouces, ci.	3	
Total du fond.	87 p.	28 lig.

Partage des dits 87 pouces 28 lignes, comme il est énoncé dans les arrêts de 1634, 1655 et 1671 :

Au roi.

Par l'arrêt de 1634, le roi s'est réservé,	31 pouces 3/4
Par l'arrêt de 1656, le roi s'est réservé,	4
Total.	35 pouces 3/4

(1) Arch. impériales.

A la ville (1).

	Pouces.	Lignes.

Par arrêt de 1634, le roi fait don à la
ville de 11 pouces 1/2 pour être distri-
bués aux fontaines publiques

Par brevet du 15 septembre 1651, de la
recherche des nouvelles eaux faite à
frais communs entre la ville et le sieur
Bocquet, montant à la quantité de
23 p. 1/2 27 lig., distraction faite de
4 pouces réservés par Sa Majesté, a
resté à la ville et au sieur Bocquet
19 p. 1/2 27 lig., qu'elle a partagé
par moitié, 9 p. 3/4 13 lig. 1/2. . . . **57**   **013 1/2**

Par arrêt du Conseil du 22 avril 1671 et
25 juillet même année, 3 pouces de
Cachan. **3**

Aux entrepreneurs des aqueducs de Run-
gis et d'Arcueil (2).

Par arrêt de 1634, le roi permit aux entrepreneurs de disposer à leur profit
de 12 pouces d'eau, outre les 5 pouces
et 1/4 1 ligne qu'ils avaient laissés,
tant à Berny, Arcueil et Gentilly, à
différents particuliers pour le dom-

(1) Le pouce d'eau est un écoulement constant qui produit 13 litres 33/100 par minute, et 192 hectolitres par jour.
Le pouce se divise en 144 parties qu'on nomme ligne ;
3 lignes sont les 3/14ᵉ d'un pouce.

(2) En ce qui concerne particulièrement Gentilly, Arcueil,
Cachan, Bicêtre et Villejuif, voir notre *Histoire de Saint-*
Saturnin, paroisse des grand et petit Gentilly, diocèse de
Paris.

mage du passage des aqueducs, le
tout faisant. 17 1/4 1

Au sieur Bocquet, bourgeois de Paris,
par le même brevet de 1651 et arrêt
du Conseil qui sont intervenus ensuite,
le sieur Bocquet eut faculté de parta-
ger avec la ville les 23 p. 1/2 27 lig.
dont il avait la dépense de la recherche de moitié avec la ville, à condition d'en laisser 4 pouces au roi du
total qui lui permit de passer les dites
eaux dans ses aqueducs, comme il l'a-
vait permis à la ville, ce qui a été
exécuté; le sieur Bocquet eut donc
pour sa moitié, distraction faite de
4 pouces laissés à Sa Majesté, 9 p. 3/4
13 lig. 1/2, ci 9 3/4 13 1/2

Total général. . . . . 87 pouc. 28 lig.

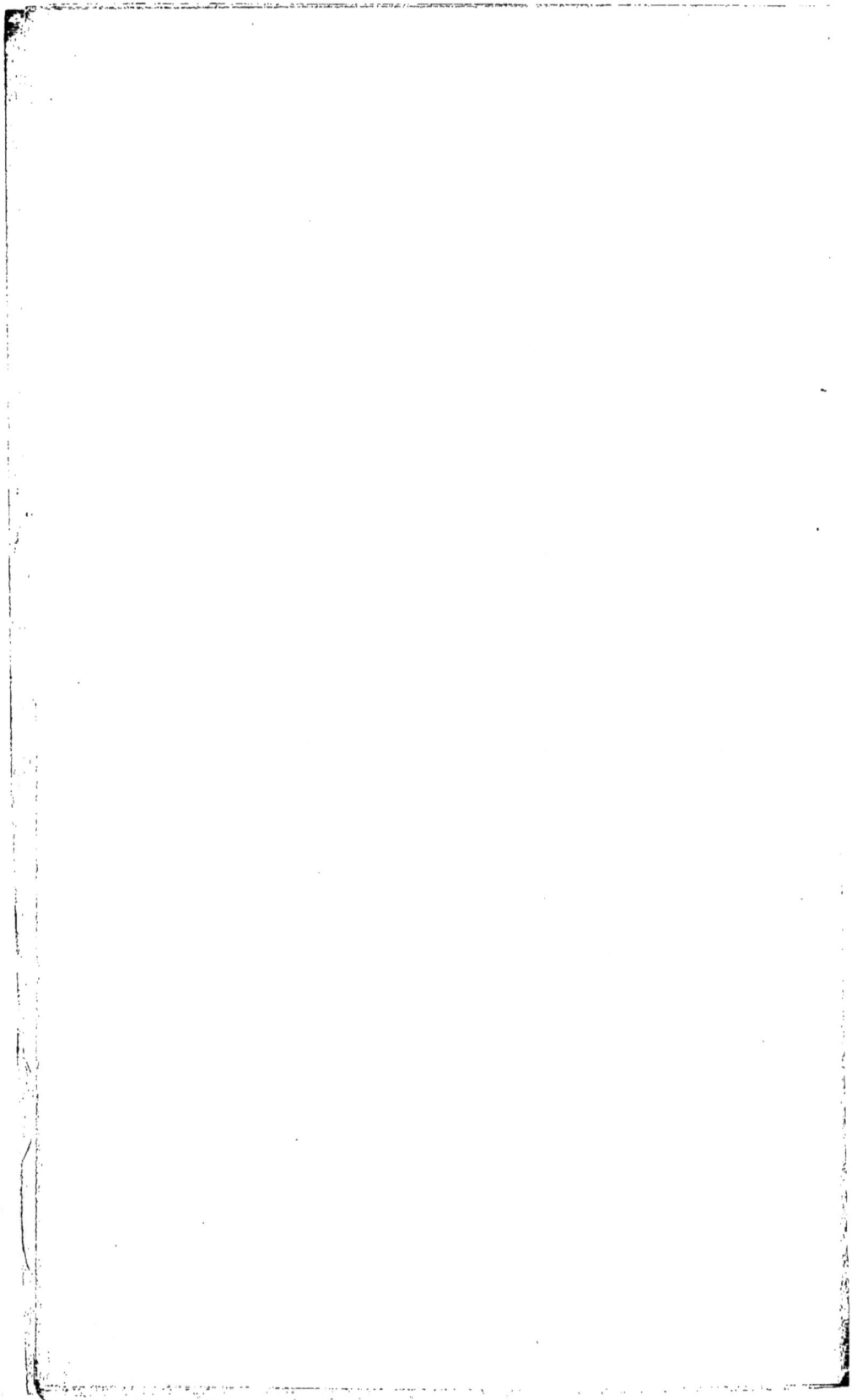

LÉGISLATION.

12 octobre 1392. Édit du roi Charles VI qui supprime les concessions d'eau faites aux particuliers.

14 mai 1554. Lettres patentes du roi Henri II qui ordonne la suppression de fontaines particulières.

23 juillet 1594. Arrêt du Conseil d'État du roi Henri IV portant révocation des concessions d'eaux publiques.

15 octobre 1601. Lettres patentes du roi portant permission a messieurs de la ville, de faire fouiller, creuser et retrancher les héritages des particuliers, pour la recherche et conduite des eaux pour la commodité de la ville de Paris.

19 décembre 1608. Lettres patentes du roi

Henri IV portant suppression des fontaines et concessions particuliéres.

4 décembre 1612. Lettres patentes du roi Louis XIII qui attribuent aux trésoriers de France l'inspection des travaux de l'aqueduc de Rungis.

7 décembre 1612. Lettres patentes du roi Louis XIII portant que l'intendant des bâtiments et le bureau de la ville veilleront a l'exécution des travaux de l'aqueduc d'Arcueil.

28 février 1613. Concession donnée par le roi à Thomas Francine pour la réception des eaux de Rungis.

19 mai 1623. Arrêt du Conseil.

21 juin 1624. Édit du roi Louis XIII portant ordre de représenter les brevets de concessions antérieures.

3 octobre 1625. Arrêt du Conseil du roi Louis XIII qui révoque toutes les concessions faites des eaux de Rungis, et procède à une nouvelle distribution.

21 juillet 1633. Jugement du prévot et échevins de la ville de Paris.

9 mars 1633. Arrêt du Conseil d'État du roi Louis XIII contenant défense de faire des fouilles et extraction de pierre ou moellons à 15 toîses près des grands chemins, conduits des fontaines et autres ouvrages publics.

20 octobre 1634. Arrêt du Conseil relatif à la réception des eaux de Rungis (Arch. carton E., parchemin).

4 novembre 1634. Arrêt du Conseil portant réception par le roi de 43 pouces d'eau avec pouvoir aux entrepreneurs de disposer des 12 pouses restant de leur recherche. (Arch. carton E. 20,223, sur parchemin),

28 novembre 1633. Défense aux particuliers qui ont maisons à Belleville et aux près Saint-Gervais de faire aucune tranchée.

9 décembre 1634. Qui fixe la distribution des 43 pouces d'eau du Roi.

26 mai 1635. Lettres patentes du roi Louis XIII qui ordonnent l'examen et la révision de toutes les concessions.

20 juin 1635. Brevet du roi qui accorde 20 lignes d'eau au Jardin des plantes.

28 mai 1736. Ordonnance du prévot de Paris et des échevins pour faire emcombrer les puits faits aux environs du village de Belleville.

6 novembre 1645. A cause que quelques particuliers s'ingéraient de faire fouiller des tranchées en terre le long des aqueducs où fluent les fontaines de la ville.

21 novembre 1645. Contre ceux qui fouillent des tranchées le long des aqueducs de la ville du côté de Belleville.

21 novembre 1645. Pour l'exécution d'un jugement au village de Belleville.

13 septembre 1651. Permission par brevet de Louis XIV à Bocquet de faire de nouvelles recherches.

29 janvier 1653. Brevet, Bocquet confirmé par arrêt du conseil.

3 décembre 1653. Arrêt du Conseil d'État du roi Louis XIV contenant défense de rompre les voûtes des aqueducs, etc.

16 octobre 1654. Arrêt du Conseil qui ordonne aux particuliers de faire faire à leurs dépens le deuxième tuyau qui doit porter l'eau au grand regard à Paris.

23 mars 1656. Arrêt de distribution des 23 pouces et 27 lignes des nouvelles eaux (Arch. carton E 20,223 sur parchemin).

12 septembre 1655. Arrêt de réception des eaux de Rungis (Arch. carton E).

18 août 1660. Lettre du prévot des marchands.

3 août 1663. Ordonnance pour faire ôter les fumiers et immondices de dessus les aqueducs des fontaines de cette ville et dedans les fossés et chemins où passent les tuyaux des dites fontaines.

14 juillet 1666. De ne jeter ni pousser dans

les fossés et sur les lieux où passent les tuyaux des fontaines aucunes ordures, etc.

26 novembre 1666. Arrêt du Conseil d'État du roi Louis XIV qui révoque toutes les concessions particulières sans exception.

22 juillet 1669. Arrêt du Conseil d'État du roi Louis XIV contenant défense de prendre les eaux, gâter ou fouler les pierrées, planter des arbres le long des aqueducs et conduits, à 15 toises près.

29 novembre 1669. Pour combler les puits à Belleville et aux près Saint-Gervais.

14 mai. 1670. Défense de faire aucune fouille aux près Saint-Gervais, près les regards, etc.

1er juillet 1670. Réglement du bureau de la ville de Paris.

23 juillet 1670. Renouvellement des anciens réglements relatifs à Belleville et prés Saint-Gervais.

8 octobre 1670. De ne faire aucun puits dans la distance de 10 toises des conduites.

13 mars 1671. Couper les arbres le long des conduites,

22 avril 1671. Arrêt du Conseil.

23 mai 1671. Itérative défense de ne faire aucun puits.

25 juillet 1671. Autorisation par le roi de

faire de nouvelles recherches (Arch. carton E).

7 août 1671. Commission pour couper et arracher d'office les arbres et haies.

16 septembre 1678. Pour combler les puits de Belleville et prés Saint-Gervais, etc.

24 septembre 1678. Pour démolir les murs qui enclosent une pierrée et combler un puits à Belleville.

17 février 1777. Lettres patentes.

4 juillet 1777. Arrêt du Conseil d'État du roi Louis XVI sur les plantations près l'aqueduc d'Arcueil.

3 novembre 1787. Arrêt du Conseil d'État.

18 avril 1788. Arrêt du Conseil d'État.

11 avril 1789. Arrêt du Conseil.

4 novembre 1807. Décret sur l'administration des eaux de Paris.

25 juin 1851. Ordonnance du préfet de la Seine sur les eaux de Paris.

Impr. de Munzel frères, à Sceaux

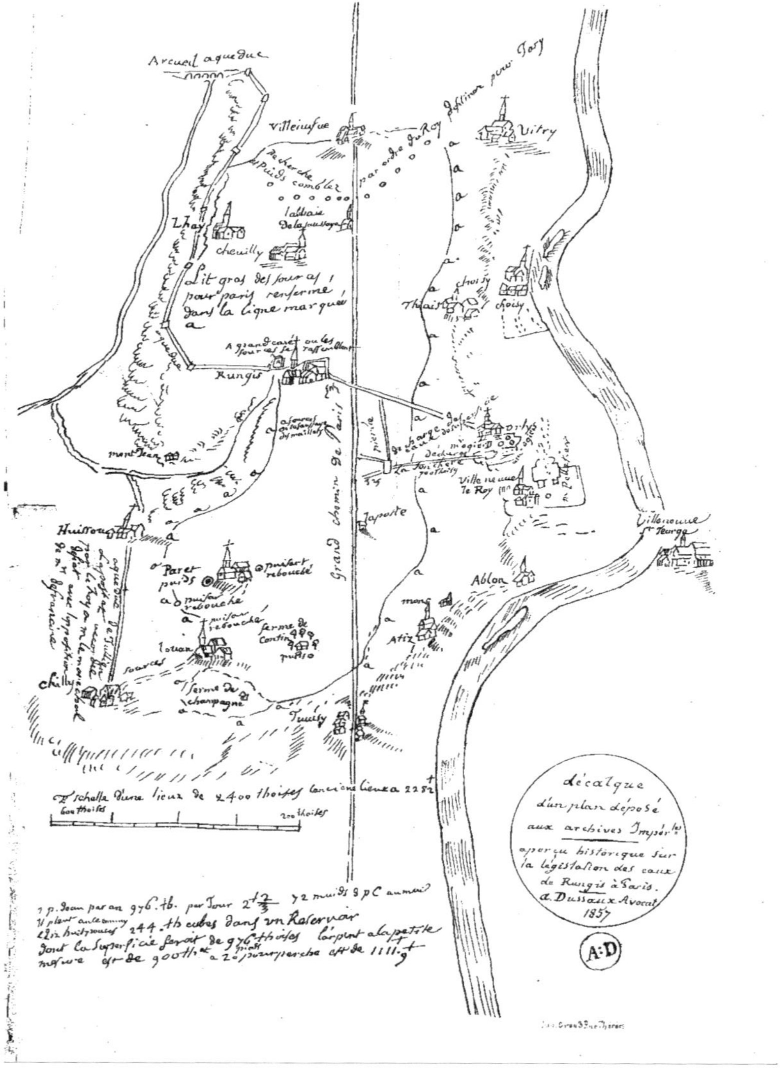
Arcueil aqueduc
Villeiufue
Vitry
Lhay
cheuilly
Lit gros des sources pour paris renferme dans la ligne marquée a
Rungis
Thiais
choisy
Orly
Ville neuve le Roy
Villeneuve St George
Huisson
Paret
puids
mont Jean
Grand chemin de paris
Japorte
Ablon
mons
Atiz
Louan
ferme de Contin
ferme de champagne
Chilly
Juvisy
décalque d'un plan déposé aux archives Impér.les
aperçu historique sur la législation des eaux de Rungis à Paris.
A. Dussaux Avocat
1857
A·D

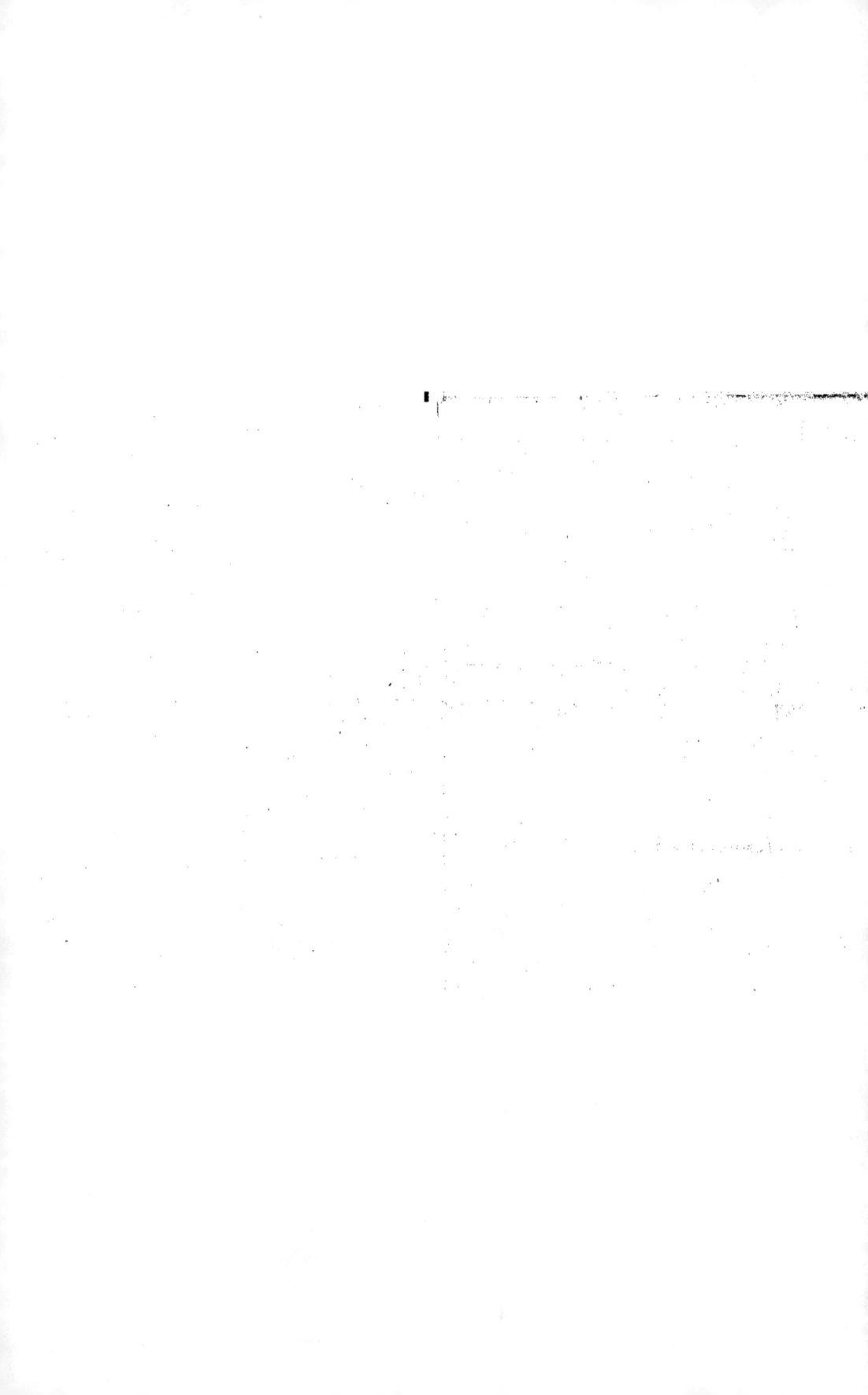

www.ingramcontent.com/pod-product-compliance
Lightning Source LLC
Chambersburg PA
CBHW071437200326
41520CB00014B/3731